LES

MÉMOIRES

D'UNE

FEMME DE CHAMBRE

COULOMMIERS. — TYPOGRAPHIE A. MOUSSIN ET CHARLES UNSINGER.

LES

MÉMOIRES

D'UNE

FEMME DE CHAMBRE

VAUDEVILLE EN DEUX ACTES

PAR MM.

CLAIRVILLE, SIRAUDIN ET ERNEST BLUM

Représenté pour la première fois, à Paris, sur le théâtre des Variétés
le 18 juin 1864.

PARIS

E. DENTU, ÉDITEUR

LIBRAIRE DE LA SOCIÉTÉ DES GENS DE LETTRES

PALAIS-ROYAL, 17 ET 19, GALERIE D'ORLÉANS

Et à la LIBRAIRIE CENTRALE, 24, Boulevard des Italiens.

1864

PERSONNAGES.		ACTEURS.
JOSEPH, domestique de Dumoulin.	MM.	KOPP.
LE BARON DE FRANCONVILLE,		ALEX. MICHEL.
DUMOULIN.		COUDER.
DARDOUILLET.		CH. BLONDELET.
ANATOLE, fils de Dumoulin.		HITTEMANS.
ANDRÉ.		DESROCHES.
RAIMOND, libraire-éditeur.		DELIÈRE.
FRANCINE MARTIN, femme de chambre.	Mlles	LUCILE DURAND.
AGATHE, fille de Dumoulin.		JULIA H.
ZOÉ, femme de Dumoulin.		THÉRÈSE.

A Paris chez Dumoulin.

Toutes les indications sont prises de la gauche et de la droite du spectateur. — Les personnages sont inscrits en tête des scènes dans l'ordre qu'ils occupent au théâtre. — Les changements de position sont indiqués par des renvois au bas des pages.

LES

MÉMOIRES

D'UNE

FEMME DE CHAMBRE

ACTE PREMIER

Un salon bourgeois chez Dumoulin. -- Porte au fond conduisant audehors.—Portes latérales au 3e plan. — A gauche, 1er plan, une cheminée. — Près de cette cheminée une table avec papier, plume et encre, plus un timbre.—A droite, une causeuse.—Un tapis sur lequel il y a des bandes d'étoffe formant des chemins. — Fauteuils et chaises garnis de housses ainsi que la causeuse. — Ameublement en harmonie avec le salon.

SCÈNE PREMIÈRE

JOSEPH, puis DE FRANCONVILLE.

JOSEPH, sortant de la gauche, un plumeau à la main.

Eh bien! oui, quoi, on ira... quand j'aurai fait le salon. (En scène.) Encore des courses! ils veulent me tuer, c'est sûr. (Il s'assied sur la causeuse.) En voilà une maison!... servez donc des bourgeois! Oh! les bourgeois! c'est petit, c'est rabougri, c'est radoteur. Enfin, c'est rat, ça n'a pas plus d'égards pour un domestique que si c'était bien élevé! Je vous demande un peu ce que ça me fait à moi que leur fils ait découché; mais qu'il découche tous les jours s'il veut, ça me fera une chambre de moins à faire.

DE FRANCONVILLE, * passant sa tête à la porte du fond.

Joseph!

* De Fran. Jos.

JOSEPH, se levant.

Tiens ! le ci-devant d'en face.

DE FRANCONVILLE, entrant, un bouquet à la main et mystérieusement.

Tu es seul ?

JOSEPH, mystérieusement.

Oui !....

DE FRANCONVILLE.

Ces nouvelles fleurs à mademoiselle Agathe ! tu sais... (Joseph fait noblement un geste de refus.) Voilà quarante francs. (Il lui donne de l'argent.)

JOSEPH, regardant l'argent.

C'est quarante sous.

DE FRANCONVILLE.

Garde-les.

JOSEPH, prenant le bouquet.

Ah !...

DE FRANCONVILLE.

Mais sois prudent !

JOSEPH.

On le sera.

DE FRANCONVILLE.

On peut venir, je m'éloigne. A elle seule...

JOSEPH.

Oui.

DE FRANCONVILLE, à part.

Si elle accepte encore celui-là, tant pis, je risque le tout pour le tout... (Haut.) Sois prudent. (Il sort par le fond.)

SCÈNE II

JOSEPH ensuite AGATHE.

JOSEPH, mettant le bouquet dans un vase qu'il prend sur la cheminée et qu'il met sur la table,

Je serai prudent pour quarante sous... C'est le troisième... et il se figure que je dis à mademoiselle que ça vient de lui... pas si bête !... je mets ce bouquet dans ce vase et je m'en vas... quand mademoiselle arrive, elle voit le bouquet et elle s'écrie....

AGATHE *, qui vient d'entrer par la droite, apercevant le bouquet.

Ah ! encore de lui !...

JOSEPH, surpris. — A part.

Hein, diable ! il était temps....

* Jos. Aga.

AGATHE.

Mais Joseph, c'est donc toi !

JOSEPH.

S'il vous plaît, mademoiselle ?

AGATHE.

Ce nouveau bouquet, qui est placé là...

JOSEPH.

Je ne sais pas, mademoiselle, j'entre à l'instant pour faire le salon.

AGATHE, à elle-même, prenant le bouquet.

C'est bien singulier.... c'est le troisième bouquet depuis trois jours... Oui, depuis le retour d'André, c'est donc lui... mais comment fait-il pour n'être vu de personne ?...

JOSEPH, à part.

Elle garde le bouquet, je le dirai au monsieur.

ANDRÉ, en dehors.

Voyons, voyons ! ne vous emportez pas !...

AGATHE.

La voix d'André...

DUMOULIN, en dehors.

Vous avez tort, mon gendre.

AGATHE.

Et papa....

JOSEPH, à part.

Le moment est venu d'épousseter... en ai-je de la besogne, en ai-je !.. (Il époussette sur la cheminée.)

SCÈNE III

JOSEPH, ANDRÉ, DUMOULIN, ZOÉ, AGATHE.

DUMOULIN, entrant par la gauche avec André.

Non, non, mon cher André, je tiens à mes vieilles habitudes.

ZOÉ, entrant par la droite.

Qu'est-ce donc ?

AGATHE.

Qu'avez-vous, papa ?

DUMOULIN.

J'ai.... j'ai que monsieur André, ton futur, veut absolument que je me fasse faire un habit noir...

ANDRÉ.

C'est bien le moins.... pour la noce de votre fille.

DUMOULIN.

Allons donc !... je me fais confectionner une bonne redingote à la propriétaire.... puisque je le suis propriétaire.... ça se trouve bien.

ZOÉ.

Voyons, Dumoulin... ton gendre a raison.

DUMOULIN.

Que tu es bête!... que vous êtes bêtes tous!... suivez bien mon raisonnement ; nous sommes en décembre, c'est-à-dire en hiver... bien... pour aller à la mairie et à l'église, si j'avais un habit noir et si je l'endossais, je mettrais par dessus un paletot ou une redingote.... eh bien, je boutonnerai ma redingote à la propriétaire... on pourra croire que j'ai un habit noir dessous.... les apparences seront sauvées et j'aurai économisé cent-cinq francs.... c'est mon prix.... Voilà comment on fait les bonnes maisons. (Agathe et sa mère s'asseyent sur l causeuse.)

ANDRÉ, riant.

Allons!... je vous cède.... (A Agathe.) Oh!.... mais, chère Agathe, quel superbe bouquet! (Joseph remonte.)

AGATHE.

Faites donc l'étonné! vous savez bien d'où il vient.

ANDRÉ.

Moi, je sais....

DUMOULIN.

Vous avez tort, mon gendre.

ANDRÉ, riant.

Vous remarquerez que j'ai toujours tort, beau-père.

DUMOULIN.

Il ne faut pas habituer les jeunes filles aux galanteries floréales! Au point où nous en sommes, les folies sont inutiles... Voyez, moi, avec madame Dumoulin, quand je lui faisais la cour, je lui lâchais de temps à autre un bouquet de violettes d'un sou... Le jour du contrat, j'ai lâché la corbeille, et, à partir de ce moment, je ne lui ai plus rien.... donné.... n'est-ce pas, bobonne?

ZOÉ.

Sans doute... et ça ne nous a pas empêchés d'être très-heureux.

ANDRÉ.

Mais je vous certifie que ce bouquet ne vient pas de moi!

ZOÉ, se levant ainsi que sa fille.

De qui donc vient-il alors?

AGATHE.

Je ne sais... je l'ai trouvé là, sur cette table et Joseph...

JOSEPH, * à part au fond.

Aïe! pincé!

DUMOULIN.

Joseph!... (répétant) Joseph!...

JOSEPH, descendant.

M'sieu!

DUMOULIN.

D'où venaient ces extraits de parterre?...

JOSEPH, étonné.

Ces extraits de parterre?

DUMOULIN.

Oui... ces produits de Flore...

JOSEPH.

De Flore?... (comprenant) Ah!... Je ne sais pas, m'sieur!

ZOÉ.

Comment, vous ne savez pas?...

JOSEPH.

Dame! j'ai tant d'ouvrage ici... que je ne peux être à tout. (Il remonte.)

DUMOULIN.

Mais cependant ils ne sont pas venus tout seuls.

AGATHE.

D'autant que c'est le troisième depuis trois jours.

ZOÉ.

Le troisième?

DUMOULIN et ANDRÉ.

Le troisième!

AGATHE.

Mais vous le savez bien, maman, je vous ai montré les deux premiers.

ZOÉ.

Mais en me disant que c'était M. André qui te les envoyait...

AGATHE.

Dame, je le croyais.

DUMOULIN, avec exclamation.

Ah!

TOUS.

Quoi?

DUMOULIN.

J'y suis. C'est du Monsieur d'en face!

ANDRÉ.

Comment le Monsieur d'en face!

* And. Dum. Jos. Zoé. Aga.

AGATHE, jetant le bouquet.

Ah! si j'avais su!... (Joseph vient ramasser le bouquet.)

DUMOULIN *.

Oui... un soi-disant beau... un galantin sur le retour... Joseph, vous donnerez ce bouquet à la concierge.

JOSEPH.

Oui, monsieur... (à part) je le donnerai à Euphémie. (Il remonte et passe à gauche.)

ANDRÉ.

Mais ne vaudrait-il pas mieux que j'allasse reporter moi-même à ce monsieur.... (Il remonte.)

DUMOULIN **.

Mon gendre, tant que ma fille ne sera que ma fille, les bouquets qui lui seront adressés me regarderont. Quand elle sera votre femme, je ne m'en mêlerai plus, ça sera votre affaire. — Fiez-vous à moi pour approfondir ce mystère et au besoin laver la tête de ce drôle. — Joseph! (Joseph descend.) il n'est venu personne me demander? (André va à Agathe.)

JOSEPH.

Non, monsieur.

DUMOULIN **.

Une femme dont la mise... Comment dirai-je?... une femme de chambre enfin!

JOSEPH.

Non, monsieur!

ZOÉ.

Comment, mon ami, vous attendez?...

DUMOULIN.

Eh! bien, oui, madame Dumoulin, oui, c'est une surprise que je vous fais à l'occasion du mariage de votre fille. Je vous donne une femme de chambre.

ZOÉ.

Oh! pourquoi cette dépense?

DUMOULIN.

J'ai réfléchi que vous ne pouviez pas, ainsi que moi, marier votre fille en redingote à la propriétaire et qu'elle-même aurait besoin sans doute...

AGATHE, allant à sa mère **.

Ah! quel bonheur!... je me ferai habiller par elle. Est-elle jeune, papa?

* And. Dum. Zoé. Aga. Jos.
** Jos. Dum. And. Zoé. Aga.
*** Jos. Dum. Zoé. And. Agat.
**** Jos. Dum. Zoé. Aga. And.

DUMOULIN.

Je l'ignore... c'est une occasion qui... mais en voilà assez !... Mon scélérat de fils n'est pas rentré cette nuit ; je vais aller le relancer à sa brasserie. Vous m'accompagnerez, André.

ANDRÉ.

Volontiers.

ZOÉ.

Ne vous emportez pas, mon ami... ne le grondez pas trop fort!

DUMOULIN.

Madame Dumoulin, votre extrême indulgence est une chose déplorable. Rentrez chez vous avec votre fille, si nous nous croisions, je ne veux pas qu'il vous rencontre.

AGATHE.

Mais, papa...

DUMOULIN.

Rentrez avec votre mère. Joseph, si la femme de chambre arrive, vous la conduirez chez madame.

JOSEPH.

Oui, monsieur (A part) une femme de chambre !... En voilà une que je ferai piocher ! (Il sort par le fond.)

AGATHE *.

Au revoir, monsieur André. (Bas.) Tâchez de calmer mon père.

ANDRÉ.

Soyez tranquille !

ZOÉ.

Viens, Agathe. (Elle entre à droite avec sa fille.)

DUMOULIN, à André.

Je prends ma canne et mon chapeau et je suis à vous. (Il sort à gauche.)

SCÈNE IV

ANDRÉ, puis ANATOLE.

ANDRÉ seul.

Excellent homme ! il veut faire le méchant, et je suis sûr qu'au fond c'est l'inquiétude qui le talonne. (Apercevant Anatole.) Ah ! voilà le fils demandé !

ANATOLE **, paraissant à la porte du fond qu'il vient d'ouvrir avec précaution.

Vous êtes seul, André !

* Dum. Zoé. Aga. And.
** Anat. And.

ANDRÉ.

Ah! diable! vous voilà, vous!

ANATOLE, descendant.

S'est-on aperçu de mon absence?

ANDRÉ.

Mais un peu, et votre père est dans une jolie colère.

ANATOLE.

Papa est furieux! Oh! ça m'est égal! j'en sais jouer de papa.

ANDRÉ.

Plaît-il?

ANATOLE.

J'en sais jouer.

ANDRÉ.

Vous savez jouer de votre papa?

ANATOLE.

Dame aussi, André, mettez-vous à ma place; hier, Amandine, une actrice du Théâtre-Raphaël, m'invite...

ANDRÉ, regardant à gauche.

Silence! votre père! (Dumoulin entre par la gauche, avec sa canne et son chapeau.)

SCÈNE V

LES MÊMES, DUMOULIN.

DUMOULIN*, apercevant Anatole, à part.

Lui! (Haut, à Anatole.) Ah! c'est vous, monsieur?...

ANATOLE.

P'pa, voilà la chose. (André s'assied sur la causeuse.)

DUMOULIN.

Approchez. — Avant tout, monsieur, jurez-moi sur l'honneur que vous n'avez pas couché au poste, que vous n'avez pas traîné le nom de Dumoulin sur la paille humide des cachots!

ANATOLE.

Au poste, — non, ça n'est pas précisément là que...

DUMOULIN.

Alors, c'est bien, — continuez.

ANATOLE.

P'pa... c'était hier... Sigismond me dit...

DUMOULIN.

Sigismond! un de vos compagnons de débauche...

ANATOLE.

Sigismond?... Oh! ça... vous avez raison... il n'est pas

* Dum. Anat. And.

souvent comme il faut... Il dit toujours : (D'une voix canaille.) « Oh! là, là!... » mais, quand il est dans le monde, il faut l'entendre dire : (d'une voix enrouée.) Mame la marquise! » — Toujours est-il que Sigismond avait avancé que vous étiez un bourgeois parvenu... moi, ça m'a fait monter le sang... Parvenu, que je lui ai dit, parvenu, oui, parvenu à une grande fortune par son mérite et son courage... il est venu à Paris en sabots, papa....

DUMOULIN.

Ça, c'est vrai!...

ANATOLE.

Oui, en sabots... et si, malgré cette chaussure, il a fait son chemin, c'est grâce à sa droiture. C'est la crème des honnêtes gens, papa... qu'a des opinions politiques en fer battu! — C'est l'honneur en personne... c'est tout!... (Lui prenant la main.) Oui, vous êtes tout! oui, vous êtes l'honneur! oui, vous êtes la belle âme et maman aussi!

DUMOULIN, avec émotion.

Anatole!

ANATOLE, pleurant.

Et je ne veux pas qu'on insulte papa, moi... je ne veux pas qu'on dise qu'il est avare comme Harpagon... car voilà ce qu'il a dit et en ajoutant que vous couperiez une pièce suisse en quatre, — que vous me faites deux cents francs par mois de pension... Juste de quoi acheter des cigares... quand vous êtes riche comme Crésus... je n'y ai plus tenu, je lui ai sauté à la gorge et nous nous sommes battus jusqu'à ce matin... voilà!

DUMOULIN, lui tendant la main.

Enfant! tu es jeune — mais tu as du cœur, — je ne puis te blâmer d'avoir en toi le sang des Dumoulin... mais je te blâme de choisir la nuit pour défendre tes parents. La nuit est faite pour dormir et le jour pour être homme!

ANATOLE.

Oui, papa.

ANDRÉ, à part, se levant.

Il avait raison... il en sait jouer.

SCÈNE VI

LES MÊMES, JOSEPH.

JOSEPH *, entrant par le fond.

M'sieu, la femme de chambre est là.

* Dum. Jos. Anat. And.

DUMOULIN.

Ah ! très-bien, faites entrer. (Joseph sort un instant par le fond.)

DUMOULIN, * à Anatole.

Mon fils, allez embrasser votre mère, dites-lui que je vous ai pardonné et que la femme de chambre et moi, nous l'attendons ici.

ANATOLE.

Oui, papa ! (Il sort par la droite.)

ANDRÉ. **

Et moi, je vous laisse à vos affaires, nous nous reverrons ce soir.

DUMOULIN.

A ce soir, mon gendre. (André remonte.)

SCÈNE VII

LES MÊMES, moins Anatole, JOSEPH, FRANCINE, puis ZOÉ.

JOSEPH, *** revenant par le fond.

Entrez, mademoiselle, et essuyez vos pieds, il y a des tapis partout. (Francine a paru et s'est arrêtée au fond.)

ANDRÉ, lui fait signe d'entrer et sort par le fond, en disant à part :

Tiens ! elle est gentille...

DUMOULIN. ****

Joseph ! laissez-nous !

JOSEPH.

Alors, je suis de trop ?

DUMOULIN.

Sans doute.

JOSEPH, à part.

Je lui parlerai... Il faut qu'elle trime. (Il sort par la gauche.)

DUMOULIN, ***** à Francine.

Approchez, jeune fille, et n'ayez crainte.... (Il s'assied sur la causeuse.)

FRANCINE, s'approchant.

Oh ! je n'ai pas peur, monsieur !

DUMOULIN.

Votre nom ?

FRANCINE.

Francine Martin.

* Dum. Anat. And.
** Dum. And.
*** And. Fran. Dum. Jos.
**** Jos. Fran. Dum.
***** Fran. Dum ,

DUMOULIN.

Bien... c'est Francine qu'on vous nomme d'ordinaire ?

FRANCINE.

Oui, monsieur.

DUMOULIN.

Je le pensais... Martin est rarement un nom de femme de chambre. — Votre âge ?

FRANCINE.

23 ans, — est-ce que monsieur est juge d'instruction ?

DUMOULIN.

Vous dites ?

FRANCINE.

Rien, monsieur !

DUMOULIN.

Vous servîtes déjà ?

FRANCINE, souriant.

Mais oui, monsieur... trois ans chez différents maîtres.

DMMOULIN.

Bien, bien, vous êtes au courant.

ZOÉ, entrant par la droite.

Mon ami, vous m'avez fait appeler ?

DUMOULIN, * à Francine en lui montrant sa femme.

Voilà madame Dumoulin, c'est à son service que vous entrez.

ZOÉ.

Ah ! mademoiselle est la femme de chambre que vous m'avez annoncée ?

DUMOULIN.

Oui, madame.

ZOÉ, à Francine.

Mademoiselle a déjà servi ?

FRANCINE.

Dans plusieurs maisons, oui, madame, chez une comtesse... chez une...

DUMOULIN, se levant.

Oh ! halte là, mademoiselle, regardez-nous bien... nous sommes des bourgeois; notre maison, vous le voyez, c'est simple, c'est honnête, c'est sévère, mais c'est bourgeois... si vous êtes habituée au faste des cours...

FRANCINE.

Moi, monsieur, mais pas du tout...

ZOÉ.

Il s'agit de bien s'entendre.

* Fran. Zoé. Dum.

Air : *Du piége.*

Il est, soit dit sans les flatter,
De vos pareilles, je l'atteste,
Qui n'aimeraient pas habiter
Une maison simple et modeste.

FRANCINE.

Ces titres-là vont m'y faire tenir ;
Simple et modeste, elle me semble belle,
Et nous devons nous convenir,
Car je suis simple et modeste comme elle.

ZOÉ.

Très bien, mademoiselle !

DUMOULIN.

Vous avez de l'esprit, mademoiselle... nous nous comprendrons.

ZOÉ, à Francine.

Ici, vous aurez beaucoup à faire.

DUMOULIN.

Oui... la maison est lourde, il faudra aider Joseph.

ZOÉ.

Indépendamment de votre service près de moi et de ma fille, que vous habillerez aussi dans les grandes occasions, il faudra vous rendre utile. Nous vous donnerons l'exemple, du reste ; ici, tout le monde met la main à la pâte.

FRANCINE.

Madame n'aura qu'à commander.

DUMOULIN, * passant près de Francine.

Parfait ! reste la question des gages. Qu'avez vous gagné jusqu'à ce jour ?

FRANCINE.

Mais cela a dépendu des maisons et du travail.

ZOÉ.

Dans les plus fortes maisons ?

FRANCINE.

De cinq à six cents francs, nourrie et logée !

DUMOULIN.

Nous vous nourrirons, nous vous logerons et nous donnerons quatre cents francs.

FRANCINE.

Quatre ?...

DUMOULIN.

Ah ! dame, une bourgeoise ne peut pas payer comme une comtesse !

* Fran. Dum. Jos.

FRANCINE.

Soit, monsieur, j'accepte!

DUMOULIN.

Eh! bien, marché conclu !... avez-vous des effets?...

FRANCINE.

Ma malle qui est en bas.

DUMOULIN.

Joseph va vous la monter, et vous faire voir votre chambre. (Il va à la table et sonne.) — c'est un cinquième un peu lambrissé, mais le jour y est très-beau et l'air très-pur. (Madame Dumoulin a passé à gauche.)

JOSEPH, * entrant par le fond.

Monsieur m'a sonné?

DUMOULIN.

Vous monterez la malle de mademoiselle au cinquième.

JOSEPH.

Oui, monsieur. (A part.) On me fait monter sa malle! (Il sort par le fond).

ENSEMBLE.

DUMOULIN. **

Air : *Il faut sans plus attendre.*

Nous vous laissons, ma belle;
Ici faites de votre mieux,
Travaillez avec zèle :
Nous n'aimons pas les paresseux.

FRANCINE.

Oui, comptez sur mon zèle;
C'est vous contenter que je veux,
A mon désir fidèle,
Ici je ferai de mon mieux.

ZOÉ.

Nous vous laissons, ma belle;
Ici faites de votre mieux,
Travaillez avec zèle;
Nous n'aimons pas les paresseux.

(Dumoulin sort par la gauche et madame Dumoulin par la droite.)

SCÈNE VIII

FRANCINE, puis JOSEPH.

FRANCINE, seule.

Enfin, m'y voici! (Apercevant la table), de l'encre, une plume

* Zoé, Dum. Jos. Fran.
** Zoé. Dum. Fran.

et du papier... si pendant que je suis seule... Oui dépêchons-nous de lui faire savoir... (Elle s'assied et se met à écrire.)

JOSEPH, * entrant par le fond avec la malle.

Voilà la malle. (A part.) Le moment est venu de lui expliquer à mon tour quels seront ses devoirs envers moi. — Qu'est-ce qu'elle fait donc là ?... Comment! elle écrit... Ah! par exemple... Eh bien, pour une femme de chambre sans gêne... je peux dire... (Haut). Mademoiselle v'là vot' malle. (Il la dépose à terre.).

FRANCINE, qui continue à écrire.

Bien! montez-la à ma chambre.

JOSEPH, à part.

Que je... Ah ! bon ! bien ! voyez-vous ce petit air ? (L'imitant.) Montez-la à ma chambre !... Attends! attends je vais t'en donner, moi, des petits airs ! (Haut.) Mademoiselle, j'ai à converser soigneusement avec vous... (Il s'assied sur la malle.)

FRANCINE, cachetant sa lettre et mettant l'adresse.

Avec moi ?... Parlez, je vous écoute.

JOSEPH.

Je ne sais pas si les bourgeois vous l'ont dit, mais ils ne vous ont prise que pour m'aider. — Faudra donc m'aider, là, ferme !...

FRANCINE.

C'est vous qui vous nommez Joseph ?...

JOSEPH.

Oui, c'est moi !

FRANCINE.

Bon! je vous aiderai... après ?...

JOSEPH.

Après ?... mais voilà tout, mademoiselle, je n'entends pas exiger autre chose de vous. Vous ferez le salon, la chambre de madame, celle de mademoiselle et celle de Monsieur. Je me réserve la mienne... je n'aime pas que les étrangers farfouillent chez moi !

FRANCINE.

Vous ne ferez plus que votre chambre?

JOSEPH.

Provisoirement... je m'accorde quelques jours de repos pour me remettre des fatigues dont j'ai souffert en vous attendant.

FRANCINE.

Eh bien, mon ami, c'est entendu ! je ferai tout ce que vous voudrez... (Joseph se lève.) mais, pour commencer, vous

* Fran. Jos.

allez me monter ma malle chez moi et me porter cette lettre à son adresse.

JOSEPH.

Mademoiselle, cette plaisanterie... risquée !

FRANCINE, se levant.

Pardon !... je paye la course.

JOSEPH, prenant la lettre.

Ah ! c'est différent, du moment que vous payez...

FRANCINE.

Allez donc, et faites vite. (Elle passe à droite.)

JOSEPH *, reprenant la malle.

Je vole !... (A part.) Elle me va beaucoup cette femme de chambre !... mais ce qu'elle va piocher !... non ! ce n'est rien que de le narrer !... (Haut.) Je vole !... (Il sort par le fond.)

SCÈNE IX

FRANCINE puis DUMOULIN, ZOÉ, AGATHE, et DARDOUILLET.

FRANCINE, seule.

Il est charmant ce Joseph !... En voilà un que je n'oublierai pas quand son tour sera venu. (Roulement de voiture.) Mais voyons donc cette chambre au cinquième et un peu lambrissée. (Elle va pour sortir.)

DUMOULIN **, se précipitant en scène par la gauche.

C'est Dardouillet ! j'ai reconnu sa tête à la portière du fiacre (Appelant.) Zoé ! Agathe !... (Les deux femmes paraissent, venant de la droite.) Voilà Dardouillet qui arrive !... Vite, Joseph, Francine, allez au devant de lui lui prendre ses bagages.

DARDOUILLET ***, entrant par le fond, chargé de bagages.

C'est inutile ! j'ai tout monté moi-même... Bonjour, Dumoulin, bonjour, sa femme, bonjour, sa fille... (Il embrasse les deux femmes.) Bonjour tout le monde !

ZOÉ et AGATHE.

Bonjour, monsieur Dardouillet.

ENSEMBLE :

Air : *Enfin le voilà.*

Enfin {les / le} voilà !

* Jos. Fran.
** Dum. Fran.
*** Dun. Dard. Zoé. Aga. Fran.

Ces bons amis } je { les } retrouvé !
Ce vieil ami } je { le } retrouvé !
Quel bonheur j'éprouve !
Je ne connais que celui-là !

DARDOUILLET, à Dumoulin.

Oui, je viens chez toi :
C'est ma destinée
Chaque année,
Et toujours chez toi
Je me trouve comme chez moi.

REPRISE ENSEMBLE.

Enfin { les / le } voilà !

etc.

DUMOULIN.

Ce cher Dardouillet !... ça me fait plaisir de le voir !

DARDOUILLET.

Et moi donc ! que je r'embrasse encore ta femme (Il embrasse Zoé.) et ta fille ! (Il embrasse Agathe.) et... (Il va pour embraser Francine.)

DUMOULIN, riant.

Eh bien, que fais-tu donc ?

ZOÉ, de même.

Vous voulez embrasser ma femme de chambre ?

DARDOUILLET, revenant près de Dumoulin.

Femme de chambre ?... Ah ! bah ! Eh bien, mais, au fait... à la bonne heure !... je comprends ça, quand on est riche...

DUMOULIN.

Ah ! si tu vas commencer...

ZOÉ.

Monsieur Dardouillet, vous savez que votre chambre bleue vous attend depuis hier...

AGATHE.

J'y ai fait remettre du papier moi-même... elle est gaie maintenant... il faut voir cela !...

DARDOUILLET.

Vraiment ?... non, écoutez !... vous me gâtez... vrai, vous me gâtez...

DUMOULIN.

Mais débarrasse-toi donc... tu es là, bourré comme une gare de marchandises... Francine, appelez Joseph, et portez avec lui tous ces bagages dans la chambre du premier.

FRANCINE, remontant.

C'est inutile, monsieur, je porterai bien tout moi-même.

DARDOUILLET *.

Par exemple! je ne le souffrirai pas.

ZOÉ.

Voyons, voyons! pas de cérémonies; moi, je prends le parapluie.

AGATHE.

Moi, la valise et le carton à chapeau.

FRANCINE.

Moi, le reste! (Elle prend une malle et un sac de nuit.)

DUMOULIN.

C'est ça!... Allez nous attendre dans la chambre bleue, nous irons vous y rejoindre.

Air: *Les gandins se mettent en frais.* (J. Nargeot.)

Nous avons à causer un peu,
Seuls laissez-nous en ce lieu.

LES FEMMES.

Ces messieurs, pour causer un peu,
Veulent rester en ce lieu.

ZOÉ.

Déjà de causer, il vous tarde,
Et l'on dira que la femme est bavarde;
Mais si parler a pour nous des appas,
Les hommes ne s'en privent pas.

REPRISE ENSEMBLE.

Nous avons. } etc.
Ces messieurs. }

(Zoé, Agathe et Francine sortent par la droite en emportant les bagages.)

SCÈNE X

DARDOUILLET, DUMOULIN.

DARDOUILLET.

Ce cher Dumoulin!... Tu permets que je m'assèye... (Il s'assied près de la table.)

DUMOULIN.

Si je te le permets!... assieds-toi où tu voudras, mais prends garde aux housses!

DARDOUILLET.

Toujours soigneux donc?

DUMOULIN.

Toujours... c'est dans le sang.

* Dum. Dard. Fran. Zoé. Aga.

DARDOUILLET.

Ah ! il fait bon se reposer... quand on se sent à son aise, chez un véritable ami. Je vais en fumer un... tu veux bien ?.. (Il prend un cigare.)

DUMOULIN.

Vas-y... tout ce que tu voudras !... (Dardouillet frotte une allumette sur la table.) mais prends garde aux meubles.

DARDOUILLET, regardant les grandes bandes qui se croisent sur le tapis.

Tiens ! qu'est-ce que tu as donc fait mettre sur ton tapis ?

DUMOULIN.

C'est pour qu'on marche dessus le moins possible.

DARDOUILLET.

Ah ! tu mets des tapis sur ton tapis pour qu'on ne marche pas sur ton tapis.

DUMOULIN.

Tout le monde fait cela... est-ce que tu vas blâmer ?...

DARDOUILLET, se levant.

Moi ! blâmer quelque chose ici, chez toi, dans ce paradis terrestre !... Ah ! si tu savais combien je soupire pendant les six mois d'été après les six mois d'hiver que nous passons ensemble !... — Paris ! — Ah ! si j'étais riche !

DUMOULIN.

Mais tu as huit mille livres de rentes !

DARDOUILLET.

C'est maigre et, si je veux faire figure pendant mon séjour ici, il faut que j'économise ferme là-bas ; mais j'ai tort de me plaindre ; si je restais toujours à Paris, je serais privé du bonheur immense que j'éprouve à le revoir !... enfin, j'y viens tous les ans et je le trouve toujours changé.

DUMOULIN.

Farceur !... avec ça que, quand tu y viens, c'est pour visiter les monuments.

DARDOUILLET.

Chut donc !... si ta femme...

DUMOULIN.

Il n'y a pas de danger... elle est avec sa fille dans la chambre bleue.

DARDOUILLET.

Eh bien, oui, je l'aime Paris !... que veux-tu ?...

Air : *Au caf, caf, caf, au café concert.*

J'aurai bientôt cinquante-six ans,
J'ai des cheveux gris dont quelques-uns sont blancs ;
D'un rhumatisme, entre nous, aussi
Je souffre à crier, quand je suis loin d'ici ;

Et dans ma province,
Quand le froid me pince,
Je deviens quinteux,
Je gronde comme un vieux.
Mais lorsque je suis
Dans ce Paris
Qui me déride,
Plus de rhumatisme, adieu mes cheveux gris,
Je suis rajeuni,
Je suis guéri
Je suis solide...
Et je vais parfois
Trouver la biche au bois.

ENSEMBLE.

DARDOUILLET.

Oui, lorsque je suis
Dans ce Paris
etc.

DUMOULIN.

Est-il à Paris,
Dans ce pays
Qui le déride,
Plus de rhumatisme, adieu ses cheveux gris!
Il est rajeuni,
Il est guéri,
Il est solide;
Même il va parfois
Trouver la biche au bois.

DUMOULIN.

Ce scélérat de Dardouillet!... (Dardouillet se retourne pour cracher.) Ne crache pas sur le tapis. Dans la cheminée, j'aime mieux ça.

DARDOUILLET.

Oh! si j'avais ta fortune...

DUMOULIN.

Eh bien, voyons, que ferais-tu, si tu avais ma fortune?

DARDOUILLET.

Moi, je vivrais comme Sardanapale!

DUMOULIN.

Tu aurais un serail?...

DARDOUILLET.

Chut! si ta fille...

DUMOULIN.

Elle est dans la chambre bleue avec sa mère.

DARDOUILLLET.

Non ! je dis ça, mais je serais cent fois millionnaire que je ne ferais aucune extravagance ; seulement je me ferais honneur de ma fortune, je ne me refuserais rien ! (Il va s'asseoir près de la cheminée.)

DUMOULIN.

Est-ce que je me refuse quelque chose ?.... ne dérange pas les housses... je satisfais tous mes goûts; seulement j'ai des goûts simples, je n'ai pas oublié mon origine; je suis venu à Paris en sabots, moi.

DARDOUILLET.

Tais-toi donc, est-ce qu'on dit ces choses là ?..,

DUMOULIN.

Comment, si on les dit ?... mais je m'en fais gloire. Je suis le fils de mes œuvres, moi... je suis prud'homme, un ancien prud'homme.... (Lui donnant une carte de visite.) Tiens, lis sur mes cartes de visite : Aristide Dumoulin, membre de la garde nationale et bourgeois de Paris... ce qui n'empêche pas.. ne mets pas les pieds sur le garde-feu.... ça l'abîme.... ce qui n'empêche pas que tout ce que je désire, je me le donne.... mais je ne désire rien.

DARDOUILLET, se levant et passant à droite.

Tu ne désires rien et tu te le donnes...

DUMOULIN *.

Oui....(Comprenant) non... qu'est-ce que tu chantes ?...

DARDOUILLET, trouvant un journal sur la table.

Ah ! ... et toujours ton même journal.... voilà une chose que tu te donnes...

DUMOULIN.

Oui, certes... il partage mes opinions.

DARDOUILLET.

C'est-à-dire qu'il te donne les siennes tous les matins pour t'éviter la peine d'en avoir à toi.

DUMOULIN.

Mon ami, je suis bourgeois libéral.... j'aime Béranger.... Mon père a souscrit autrefois pour le sergent Mercier ; il a acheté un Voltaire-Touquet ; il a manqué aller au champ d'asile... eh bien... touche à toutes ces choses là... plaisante-les, si tu veux.... mais, pour Dieu ! ne touche pas... ne touche jamais à mon journal... c'est mon Palladium !...

DARDOUILLET.

Ton Palladium ?...

DUMOULIN, reprenant le journal qu'il remet sur la table.

Je ne sais pas ce que ça veut dire... mais c'est quelquefois

* Dum. Dar.

imprimé là dedans.... et c'est grâce à mes principes, grâce aux conseils de cette excellente feuille que j'ai pris le poste du Pont-Neuf en 48.

DARDOUILLET.

Tu l'as pris, mais tu l'as rendu ?

DUMOULIN.

Non... on me l'a repris. (Prenant par le bras Dardouillet qui fait quelques pas.) Tu ne peux donc pas marcher sur les bandes ?

DARDOUILLET.

Mais, sapristi ! pour marcher chez toi, il faut avoir appris à danser sur la corde !

SCÈNE XI

LES MÊMES, JOSEPH.

JOSEPH,* entrant du fond.

Monsieur, il y a là quelqu'un qui vous demande.

DUMOULIN.

Quelqu'un ?... qui ?...

JOSEPH.

Je ne sais pas, monsieur, mais il demeure en face.

DUMOULIN.

Ah ! l'homme aux bouquets !... oui, oui, je vais le recevoir (Allant à Dardouillet **) Dardouillet, va rejoindre ces dames et dis que je suis occupé.

DARDOUILLET, à part.

J'aime autant cela, il n'y a pas de tapis dans la chambre bleue.

ENSEMBLE.

Air : *C'est l'heure du dîner.*

Au revoir, cher ami.
Un' visite...
Je te quitte.
Au revoir, cher ami,
Puisqu'il faut que j' reste } ici.
Puisqu'il faut qu' tu rest's }

DUMOULIN,*** à Joseph.

Faites entrer !

* Dum. Jos. Dard.
** Jos. Dum. Dard.
*** Jos. Dum.

JOSEPH, à part.

J'ai peut-être eu tort de lui dire qu'on avait accepté son bouquet. Ah! bah! tant pis! (Il sort par le fond.)

DUMOULIN, seul.

Ah! vive Dieu! nous allons nous expliquer carrément. — Voyons d'abord ce qu'il osera me dire.

JOSEPH, annonçant du fond.

Le Monsieur d'en face!

DUMOULIN.

Il n'a donc pas de nom?

SCÈNE XII

JOSEPH, DE FRANCONVILLE, DUMOULIN.

DE FRANCONVILLE, entrant par le fond, en habit noir et gants blancs.

M. Dumoulin?

DUMOULIN.

C'est moi, si vous voulez vous asseoir?.. (à Joseph qui avance un siége.) Laissez-nous.

JOSEPH.

Alors, je suis encore de trop?

DUMOULIN.

Toujours. (Joseph sort par la gauche, — à part en s'asseyant sur la causeuse.) Voyons son plan.

DE FRANCONVILLE *, s'asseyant aussi.

Monsieur, mon langage va vous étonner. C'est un discours en trois parties que je vais avoir l'honneur de vous adresser. La première partie, je ne vous le cache pas, me coûte... elle est pénible à formuler... utile, mais pénible.

DUMOULIN.

Si vous préférez commencer par la seconde?...

DE FRANCONVILLE.

Non, monsieur... j'ai du courage.

DUMOULIN.

Je vous écoute.

DE FRANCONVILLE.

Monsieur, j'ai trente-cinq ans.

DUMOULIN.

Que ça?

DE FRANCONVILLE.

Je parais davantage... je le sais.

* De Fran. Dum.

DUMOULIN.

Oui.

DE FRANCONVILLE.

J'ai vécu très-vite et très-bien... trop bien, car les veilles m'ont vieilli, et les plaisirs m'ont ruiné.

DUMOULIN.

Ruiné?

DE FRANCONVILLE.

Tout à fait. — Il faut dire du reste que je n'ai jamais eu aucun patrimoine. Le peu que mes parents m'ont laissé, je l'ai vertement gobelotté... si j'ose m'exprimer ainsi.

DUMOULIN.

Permettez...

DE FRANCONVILLE.

Ne m'interrompez pas... laissez-moi bien vite en finir avec les aveux pénibles... laissez-moi vous dire que, lancé de bonne heure dans le tourbillon de toutes les extravagances, je suis aujourd'hui perclus de dettes; que dans un mois j'aurai pour tout domicile Clichy-house, la dernière station des voyageurs parisiens; qu'enfin je suis dans un état désastreux, que mon tailleur me refuse crédit, que mon bottier ne me salue plus et que mon portier attend encore ses étrennes de l'année dernière.

DUMOULIN.

Et tout ce que vous me racontez-là, c'est pour vous amener à me dire?..

DE FRANCONVILLE, se lévant.

A vous dire, monsieur, que j'ai l'extrême honneur de vous demander la main de votre fille.

DUMOULIN, faisant d'abord un grand mouvement pour se lever, puis se ravisant et très-froidement.

Continuez, monsieur, votre récit me captive.

DE FRANCONVILLE.

Fin de la première partie.

DUMOULIN, voyant que Franconville ne se rassied pas et se levant.

Voyons la seconde.

DE FRANCONVILLE.

Je me nomme de Franconville, je suis baron!... Les *Franconville* descendent de *Montmorency* l'ancien. — Notre noblesse remonte à 595. — Or, monsieur, vous êtes riche... cent-cinquante-mille francs de rente... j'ai pris mes renseignements... Donc, vous avez ce que je n'ai pas... et moi, je possède ce qui vous manque. — En me donnant votre fille, vous me faites riche, et moi, en l'épousant, je la fais baronne. — De plus, je vous décrasse de ce que nous appelons un coup de savonnette; vous devenez tout à coup le roi des salons qui me sont restés ouverts; les chroniqueurs des grands journaux s'occupent de vous; je donne à votre maison le cachet qui lui manque; enfin, monsieur, je donne à votre fille un titre, à vous la gloire, et nous jouissons tous du plus parfait bonheur. — Fin de la seconde partie.

DUMOULIN.

Monsieur le baron... voici ma réponse... en une seule partie, à moi! — (Lui montrant la porte du fond.) Ceci est une porte, elle s'ouvre en dedans, mais elle mène parfaitement dehors.

DE FRANCONVILLE.

Monsieur!..

DUMOULIN.

Je suis libéral, moi, monsieur et je donne pour époux à ma fille le fils d'un maître de forges, dont la fortune égale la mienne; mon gendre est beau, jeune, riche et...

DE FRANCONVILLE.

Vous oubliez, monsieur, qu'il y a une troisième partie à mon discours. — La voici. — Votre fille m'aime... nous sommes en communication de bouquets... c'est moi qui les lui donne, c'est elle qui les reçoit... et...

DUMOULIN, l'interrompant.

Monsieur, ma fille reçoit vos bouquets pour les déposer chez le concierge. (Lui montrant encore la porte du fond.) En prenant cette porte, vous trouverez l'escalier qui y conduit.

DE FRANCONVILLE.

Il suffit, monsieur... (Il salue et va pour sortir.) Ah pardon... (Revenant sur ses pas et donnant à Dumoulin une carte de visite.) Voici ma carte... 33, rue Chauchat.

DUMOULIN. *

Est-ce une provocation, monsieur?

DE FRANCONVILLE.

Du tout... mais, comme je compte insister, je jette une première base... (Saluant.) Monsieur...

DUMOULIN.

Allez au diable! (A part.) Qui est-ce qui m'a envoyé ce fou-là?

DE FRANCONVILLE, à part.

C'est un excellent homme! — Je crois que je serai très-heureux avec ce beau-père.

Air : *Gentil Bernrd.* (2e Acte.)

Je m'éloigne de ce pas,
Ne vous dérangez pas;

* Dum. de Fran.

Je reviendrai chaque jour
Ici faire ma cour,
Et me reconduire ainsi
Je l'accepterais, si
Ce n'était assurément
Vous déranger trop souvent.

ENSEMBLE.

DUMOULIN.

Morbleu ! sortez de ce pas,
Ne m'exaspérez pas !
Si vous revenez un jour
Faire ici votre cour,
En me dérangeant ainsi,
Monsieur, vous verrez si
Vous pouvez impunément
Me déranger bien souvent.

DE FRANCONVILLE.

Je m'éloigne de ce pas,
etc.

(De Franconville sort par le fond.)

SCÈNE XIII

DUMOULIN, puis RAIMOND.

DUMOULIN, seul.

Mais qu'est-ce que c'est que cet animal là? Comprend-on qu'on laisse des gens semblables marcher dans les rues !... et on veut que je ne sois pas pour l'ordre ?..

RAIMOND, * entrant par le fond.

Mais oui, je ne me trompe pas,.. c'est bien lui !,.. oui, parbleu... voilà mon Dumoulin ! (Il lui prend la main.)

DUMOULIN.

Se peut-il?.... toi?. Ah! sapristi !,.. par quel heureux hasard?...

RAIMOND.

Mais ce n'est pas le hasard, c'est cette lettre. (Il tire une lettre de sa poche.)

DUMOULIN.

Cette lettre...

RAIMOND.

De ta femme de chambre ! de Francine Martin.

* Dum, Rai.

DUMOULIN.

Tu es en correspondance avec ma femme de chambre?

RAIMOND.

Oh! pas de suppositions équivoques! — Tiens, lis. (Il lui donne la lettre.)

DUMOULIN, lisant.

« Mon cher Éditeur, ainsi que vous l'avez désiré, me « voilà placée chez de bons bourgeois.. Je vais me remettre « à l'œuvre... Si vous avez à m'écrire, adressez vos lettres à « mon nom, chez M. Dumoulin, rue Chauchat, 28. Fran- « cine Martin. » Qu'est-ce que ça veut dire? (Il lui rend la lettre.)

RAIMOND.

Tu ne devines pas? voici l'histoire... Il y a cinq mois, je vois entrer dans mon cabinet une jeune femme charmante, un manuscrit à la main. « Monsieur, me dit-elle, je suis « femme de chambre et j'ai écrit mes Mémoires, les voici, « voulez-vous les faire imprimer? » Tu comprends que les Mémoires d'une femme de chambre... Cependant, celle-ci avait une mine éveillée qui parlait en sa faveur. Lire ne me coûtait pas grand chose, je pris le manuscrit, je lus, et juge de ma surprise... un livre amusant, des détails fort piquants, de véritables scènes de mœurs! Bref, j'imprime et j'ai un succès fou, un succès tel que je voulus à toute force le continuer. Dans le premier volume, Francine ne parlait que des maîtres chez lesquels elle avait servi, des comtesses, des actrices...

DUMOULIN.

Des actrices?

RAIMOND.

Je lui donnai l'idée, pour compléter ses Mémoires, de se placer chez un bourgeois et de me faire une peinture fidèle de la bourgeoisie en 1864.

DUMOULIN.

Et c'est chez moi?...

RAIMOND.

Je viens d'en être informé par sa lettre... je doutais, il y a tant de Dumoulins et voilà si longtemps que nous nous étions perdus de vue. — Dans le doute, je suis venu à tout hasard et, puisque c'est toi, — je te crie : gare! on est en train de te photographier!

DUMOULIN.

De photographier la bourgeoisie?

RAIMOND.

Sans moi, tu allais être imprimé tout vif, toi et les tiens.

DUMOULIN.

Veux-tu me rendre un service ?.

RAIMOND.

C'est pour cela que je suis venu.

DUMOULIN.

Un vrai service d'ami ?

RAIMOND.

Lequel ?

DUMOULIN.

Va-t-en !

RAIMOND.

Hein ?

DUMOULIN.

Va-t-en tout de suite et ne parle à personne ; ne dis pas surtout que tu me connais et, si tu vois Francine, si elle va chez toi, ne parle pas de ta visite.

RAIMOND.

Mais que signifie ?..

DUMOULIN.

Je te le dirai chez toi, mais va-t-en.

RAIMOND.

Ah ! ça mais...

DUMOULIN.

Sauve-toi, te dis-je, et ne te nommes pas surtout... (Il le reconduit en le poussant dehors.)

RAIMOND.

Enfin, tu es prévenu ! (Il sort par le fond.)

SCÈNE XIV

DUMOULIN, seul, redescendant.

L'histoire va parler ! le monde aura les yeux sur moi ! Deux partis se présentent : Sauver l'honneur de la caste, ou jeter cette femme de chambre à la porte. — Ce dernier parti est le plus facile, mais il ne sauve rien — elle entre chez un autre bourgeois et la caste est humiliée dans sa personne ! — Le monde apprend que la Bourgeoisie est mesquine, sans grandeur, ridicule peut-être. Dumoulin, ce n'est pas sans une arrière pensée que la Providence a conduit chez toi cette femme de chambre exceptionnelle... Dumoulin, en te donnant pour exemple à l'univers, la Providence semble te dire : sauve ta caste ! sauve ta caste ! — Je la sauverai !

Air : *Ami, voici la riante semaine.*

Depuis vingt ans deux fois millionnaire,
Je vis obscur et presque pauvrement ;
C'était mon goût, je ne savais me plaire,
Et m'amuser que médiocrement.
Mais un bas bleu frappe à mon antichambre ;
De l'éblouir, tout m'impose la loi,
Et je ferai pour ma femme de chambre.
Ce que jamais je n'aurais fait pour moi. (*bis*).

(Dardouillet, Zoé et Agathe entrent par la droite.)

SCÈNE XV

DUMOULIN, DARDOUILLET, ZOÉ, AGATHE, puis FRANCINE ; ensuite JOSEPH et à la fin ANATOLE.

DARDOUILLET, entrant le premier, à Dumoulin.

Tiens, tu es seul ?..

DUMOULIN.

J'allais vous rejoindre.

ZOÉ.

Tout est prêt dans la chambre bleue.

DARDOUILLET.

Arrangée par la main des fées, c'est un paradis ! (Francine entre par la droite, portant des oreillers et des draps.)

FRANCINE. *

Où vais-je porter cela, madame ?

DUMOULIN, ** courant à elle.

Ah ! mon Dieu !... où allez-vous ainsi, mademoiselle ?

FRANCINE.

Monsieur, c'est pour le lit de M. Dardouillet.

DUMOULIN.

Le lit de Dardouillet ?... (Prenant les oreillers et le linge et mettant le tout sur les bras de Dardouillet). Permettez !... permettez !... je connais Dardouillet... il a ses principes, lui... et il ne souffrira jamais...

DARDOUILLET, ahuri.

Ah ! ça, pourquoi me mets-tu tout ça sur les bras ?

DUMOULIN.

C'est vrai... laisse cela... Joseph ira faire ton lit là haut, au cinquième.

* Dum. Dard. Fran. Zoé. Aga.
** Dard. Dum. Fran. Zoé. Aga.

DARDOUILLET.

Au cinquième?... qu'est-ce à dire?...

DUMOULIN.

Cela veut dire... que j'ai disposé de ta chambre... en faveur d'une dame.

TOUS.

Une dame?

DUMOULIN.

Et je te sais trop chevalier français.., trop gualantuomo...

DARDOUILLET.

Ah! ça, voyons... de quelle dame veux-tu parler?

DUMOULIN.

Mademoiselle Francine habitera la chambre bleue.

FRANCINE.

Moi?

ZOÉ et AGATHE.

Elle!..

DARDOUILLET.

Tu donnes ma chambre à ta domestique?...

DUMOULIN.

Ma domest.... Dardouillet, je suis étonné... humilié pour toi...

DARDOUILLET.

Mais il est lambrissé, ton cinquième.

DUMOULIN.

Oui... légèrement.

DARDOUILLET.

Lambrissé et malsain.. c'est un chenil.

DUMOULIN.

Dardouillet!..

DARDOUILLET.

Je n'en veux pas... je vais à l'hôtel, alors; j'aime mieux ça! (Il lui donne le paquet.)

FRANCINE.

Mais non, monsieur, restez!.. (A Dumoulin.) Je vous remercie, monsieur, mais je ne veux pas....

DUMOULIN.

Mademoiselle, nous logeons toutes nos femmes de chambre dans la chambre bleue.

DARDOUILLET, à part.

Toutes!.. ils n'en ont jamais eu!.

DUMOULIN.

Madame Dumoulin tient à vous avoir près d'elle :...

ZOÉ, à part.

Mais que dit-il donc?.

AGATHE, à sa mère.

Mais qu'a donc papa aujourd'hui? (Zoé répond par un geste négatif.)

JOSEPH, entrant par la droite.

Monsieur, le déjeuner est prêt!..

DUMOULIN *, allant à lui.

Ah! Joseph (Lui donnant le paquet), vous voyez bien mademoiselle... (Il montre Francine).

JOSEPH.

Oui, monsieur!

DUMOULIN.

Eh bien! qu'à partir de ce moment, elle n'ait aucun ouvrage désagréable à faire dans la maison!

JOSEPH, étonné.

Comment?

DUMOULIN.

Je vous ordonne de l'empêcher de se fatiguer si peu que ce soit... vous ferez tout...

FRANCINE.

Mais, monsieur...

DUMOULIN.

... Son ouvrage et le vôtre!

FRANCINE, à part.

Que signifie?..

JOSEPH.

Ah! (A part). Et on l'a prise pour me soulager!.. (Il remonte.)

ANATOLE *, entrant par la droite.

Eh bien, personne ne vient, j'ai faim, moi!..

DUMOULIN.

Si fait, mon drôle... allons, Dardouillet, au déjeuner... (Zoé et Agathe remontent vers la droite.)

DARDOUILLET.

J'y vais (A part), mais, au dessert, je file à l'hôtel... (Il remonte près des dames.)

* Dard. Fran. Dum. Jos. Zoé. Aga.
** Dard. Fran. Dum. Anat. Zoé. Aga. Jos. au fond.

DUMOULIN, à part.

Nous la sauverons, la caste, nous la sauverons!.. (Il remonte).

ANATOLE, qui se trouve près de Francine, la reconnaissant.

Tiens! Francine!

FRANCINE, mettant son doigt sur sa bouche.

Chut!

DUMOULIN, au 2e plan.

Nous la sauverons!..

(Au moment où la famille va sortir par la droite, le rideau tombe.)

FIN DU PREMIER ACTE.

ACTE DEUXIÈME

Même salon, mais complètement transformé. — Un lustre, des candélabres, des rideaux de brocard. — Ameublement très-riche. — Plus de bandes d'étoffe sur le tapis.

SCÈNE I

JOSEPH, ensuite FRANCINE.

JOSEPH, entrant par la droite en grande livrée.

Ah! non!... ah! non!... Je ne serai pas le domestique des domestiques! Comment, plus on en prend et plus je les sers!.. Bien sûr quelque chose aura mordu Monsieur... ça n'est pas lui qui fait toute cette dépense, c'est pas Monsieur qui depuis six jours bouleverse sa maison de fond en comble, que je ne m'y reconnais plus, moi Joseph! Or, si moi, Joseph...

FRANCINE *, entrant par la droite.

Ah! Joseph! vous aurez soin de bien essuyer la nouvelle argenterie; puis vous frotterez le parquet de la serre... et après, comme c'est l'usage... (Elle a posé sur la table une corbeille à ouvrage qu'elle tenait en entrant.)

JOSEPH.

Pardon... pardon... je ferai observer à mademoiselle, que je ne suis pas positivement à son service...

FRANCINE.

Libre à vous de ne point obéir; mais Monsieur se fâchera.

JOSEPH, à lui-même.

Air : *Du Charlatanisme.*

Des valets je suis le valet :
Ce qui m'arrive est un problème :
Quand j'étais seul, tout l' mond' m'aidait.
Madam', mam'sell', monsieur lui-même.

* Jos, Fran.

C'est pour me soulager qu'on a
Pris des serviteurs par douzaine...
Mais qu' Monsieur, au train dont ça va,
En prenne encor beaucoup comm' ça,
Et j' suis sûr d' mourir à la peine,
Je suis sûr d' mourir à la peine.

(A Francine.) Je vous déclare, mademoiselle...

FRANCINE.

C'est à Monsieur qu'il faut dire tout cela...

JOSEPH.

Mais vous vous prélassez, vous, mademoiselle, vous vous prélassez.

FRANCINE.

J'habille madame et mademoiselle.

JOSEPH.

Eh bien, s'il faut absolument que je fasse une partie de votre besogne, nettoyez l'argenterie et j'habillerai mademoiselle... J'aime mieux cela...

FRANCINE, riant.

Si elle y consent.

JOSEPH, à lui-même.

Non, bien sûr, il se passe ici quelque chose... Oh! mais ça finira mal... Ça finira mal. (Il sort par la gauche.)

FRANCINE seule.

Pauvre garçon!... je conçois qu'il n'y comprend rien... Car moi-même... (Elle s'assied sur la causeuse et travaille à une broderie qu'elle tire de sa poche.)

SCÈNE II

ANATOLE. FRANCINE.

ANATOLE entrant par le fond.

Ah! Francine!

FRANCINE, se levant.

Monsieur Anatole!

ANATOLE.

Tu es seule?.. (Il lui fait signe de se rasseoir.)

FRANCINE, se rasseyant.

Oui! mais c'est égal, prenez garde... (Elle se remet à travailler.)

ANATOLE.

Oui, oui, je comprends, tu pourrais perdre dans l'opinion

de mes parents, si l'on savait que je t'ai connue la caméristе de mademoiselle Castagnette, une danseuse de la porte Saint-Martin...

FRANCINE.

Lui faites-vous toujours des visites...

ANATOLE.

De temps en temps, je fais le pied de grue... à la sortie... dans le couloir!.. (Prenant une chaise et s'asseyant près de la causeuse.) A propos... au fait... te trouves-tu bien ici?..

FRANCINE.

Je serais bien difficile, si je ne m'y plaisais pas, votre père est grand, généreux...

ANATOLE.

Lui?.. papa, grand, généreux?.. mais c'est un pingre!

FRANCINE.

Un pingre?

ANATOLE.

Très-brave homme, mais pingre!.. et je puis dire que si quelque chose m'étonne, c'est le changement qui s'est fait ici depuis six jours... (En disant cela, il a regardé autour de lui.)

FRANCINE.

Il doit vous surprendre, en effet, car je ne vous ai pas revu depuis mon arrivée...

ANATOLE.

Ah! voilà! je suis resté... chez mon architecte, où je suis censé apprendre l'architecture...

FRANCINE.

Et c'est là que depuis six jours?..

ANATOLE.

Oui, là... ou ailleurs; mais que s'est-il passé ici?... que signifient tous ces changements?..

FRANCINE.

Je n'en sais rien ; à mon arrivée, j'ai trouvé une maison bien tenue, mais toute simple, votre mère, m'a parlé d'un ton sévère, votre père a beaucoup marchandé mes services... et, de prime abord, mon impression n'a pas été très-favorable...

ANATOLE.

A la générosité des Dumoulin. Je comprends... les premières impressions son ttoujours les bonnes.

FRANCINE.

Mais au contraire, car, le même jour, deux heures après

mon arrivée, on m'installait dans la chambre bleue... on doublait mes gages... on s'excusait près de moi, une femme de chambre, du sans-façon avec lequel on m'avait accueillie... c'était pour m'éprouver, me disait-on... Bref, depuis six jours, je me crois au théâtre du Châtelet... je me figure qu'on joue pour moi une féerie avec des trucs, tant, chaque matin, j'ai peine à reconnaître la maison dans laquelle je me suis endormie le soir!

ANATOLE.

Et toi, qui ne bouges pas d'ici, tu n'as pas deviné...

FRANCINE.

J'ai supposé que le mariage de mademoiselle Agathe...

ANATOLE.

Ma sœur?... allons donc!.. Dépenser de l'argent pour elle, pour sa noce!.. Ah! on voit bien que tu ne connais pas papa, qui, avec sa fortune, ne donne que cent-mille francs de dot à Agathe, tandis qu'André son futur...

FRANCINE.

M. André, mais non, vous devez vous tromper, ce n'est plus lui qui épouse...

ANATOLE.

Comment...

FRANCINE.

Du moins, après ça... j'ai peut-être mal compris..

ANATOLE.

Voyons, voyons... parle..

FRANCINE.

Eh bien, il y a un monsieur qui demeure en face, qui tranche, ordonne dans la maison... et, ma foi, je ne pourrais pas préciser... mais j'ai cru comprendre...

ANATOLE.

Attends donc... je me souviens... et puis, cette rencontre d'il y a deux jours...

FRANCINE.

Une rencontre?

ANATOLE, se levant.

Oui... je faisais le pied de grue... à la porte des artistes du Palais-Royal... J'attendais... mon architecte... quand, tout à coup, j'aperçois mon père qui parlait avec feu à un libraire de ses amis...

FRANCINE, se levant.

Un libraire?

ANATOLE.

M. Raimond.

FRANCINE.

Votre père le connaît?

ANATOLE.

Ils sont très-bien.

FRANCINE.

Ah bah! continuez donc!

ANATOLE.

Je me dissimule!. mon père et le libraire passent devant moi... sans me voir... et je l'entends qui dit à M. Raimond, tout en faisant de grands gestes... « Oui, j'y ai déjà perdu « mon repos, ma tranquillité... J'y perdrai, s'il le faut en- « core, 10 mille, 20 mille, 30 mille francs, mais je sauverai « la caste, je sauverai la caste! »

FRANCINE.

La caste... ah!..

ANATOLE.

Quoi?.

FRANCINE.

Rien... continuez...

ANATOLE.

C'est tout... Il a passé... mon... architecte est arrivé... et nous sommes allés souper chez Brébant.

FRANCINE, à part.

Oui, c'est cela.. Oh! maintenant... je comprends... je devine tout...

ANATOLE.

Et ce serait pour sauver je ne sais qu'elle caste que mon père manquerait à la parole qu'il a donnée à André?.. (Frappé d'une idée.) Allons, bon!. J'ai oublié le principal...

FRANCINE.

Quel principal?

ANATOLE.

Le principal clerc d'un huissier qui m'innonde de sa correspondance... que je viens prendre ici tous les matins, chez le portier, pour que papa ne se doute de rien...

FRANCINE.

Comment, à votre âge, vous êtes en correspondance avec des huissiers?

ANATOLE.

C'est lui qui m'écrit... je ne réponds jamais!. Et puis, si tu savais comme ça coûte cher, les pieds de grue que je fais... Les pieds... ce n'est encore rien,.. mais les grues!.. Ah! ça, je me sauve!.. ne dis pas à papa... que j'ai les poches pleines de papier timbré... (Il se sauve en courant par le fond.)

FRANCINE, seule.

Drôle de petit jeune homme !... (réfléchissant.) Mais voyons donc... ce qu'il m'a dit... plus j'y réfléchis... et plus je crois deviner...

DUMOULIN, en dehors à gauche.

Joseph! Joseph !

FRANCINE.

Monsieur ! Ah ! je vais bien voir si je me trompe.

ZOÉ, en dehors, côté droit.

Joseph ! Joseph !

FRANCINE.

Et Madame aussi!..

SCÈNE III

DUMOULIN, FRANCINE, ZOÉ.

DUMOULIN, entrant par la gauche, en pet en l'air et appelant.

Joseph (apercevant Francine). Ah ! mademoiselle, je ne savais pas... pardon, pardon, mademoiselle... J'appelais Joseph... (Il va pour sortir.)

FRANCINE.

Monsieur!..

DUMOULIN, revenant.

Vous m'appelez...

ZOÉ en camisole et en jupon, entrant par la droite.

Joseph !... Joseph !... (Francine s'approche d'elle). Oh ! mademoiselle Francine, ne vous dérangez pas... c'est Joseph... que je cherche...

FRANCINE.

Pardon, monsieur... excusez-moi, madame... mais...

M. ET MADAME DUMOULIN.

Parlez, mademoiselle, parlez...

FRANCINE, à part.

Voyons si j'ai touché juste. (Haut.) La demande que j'ai à vous faire est peut-être bien indiscrète.

ZOÉ.

Une demande.

DUMOULIN.

Quelle est-elle ?....

FRANCINE

Dame !... j'ai à écrire... à ma famille... et je guettais le lever de Monsieur pour lui demander la permission de m'enfermer quelques instants dans ma chambre... si mon service ne lui est pas indispensable.

DUMOULIN.

Comment donc, mademoiselle !.... mais écrivez... à votre famille... (avec intention) tant que vous voudrez... tous les jours... (A Zoé) n'est-ce pas, bobonne?

ZOÉ.

Oui... oui... et je vais donner des ordres à Joseph pour que personne ne vous dérange.

FRANCINE.

Je ne sais comment vous remercier, Monsieur...

DUMOULIN.

Allez, allez, mademoiselle, toutes les fois que vous aurez à écrire... à votre famille!... toutes les fois... vous entendez... dites seulement à Joseph : — J'écris... il saura ce que ça veut dire.

FRANCINE, saluant.

Encore une fois merci, Monsieur, merci, Madame... (A part) Ah!.. ah! les drôles de bourgeois !.... je connais leur manége à présent. (Elle sort par la droite).

DUMOULIN *, seul avec sa femme.

Elle va écrire...

ZOÉ.

Elle nous tient!...

DUMOULIN.

Notre nom va sortir de sa plume!...

ZOÉ.

Nous serons imprimés!

DUMOULIN, écoutant.

Chut!

ZOÉ, de même.

Silence!

DE FRANCONVILLE, en dehors.

C'est bien... Joseph!... je suis de la maison... Je n'ai pas besoin qu'on m'annonce...

DUMOULIN.

Ciel! M. le baron!...

ZOÉ.

Dans cette toilette!...

DUMOULIN.

Dans ce simple appareil!... (Ils font mine tous deux de s'en aller. De Franconville entre par le fond.)

* Dum. mad. Dum.

SCÈNE IV

DUMOULIN, DE FRANCONVILLE, ZOÉ.

DE FRANCONVILLE.

Et bien?... on se sauve quand j'arrive?

DUMOULIN, indiquant sa mise.

Pardon, pardon, cher ami... Ce sans façon...

ZOÉ, de même.

Ce laisser-aller... De grâce, permettez...

DE FRANCONVILLE.

Mais du tout... mais du tout... C'est moi qui suis dans mon tort... je me présente à une heure indue... mais il le fallait. D'abord, voici la *Revue des deux Mondes.* (Il montre une brochure.)

ZOÉ.

Oh! est-ce gentil à lire?...

DE FRANCONVILLE.

Ça n'est pas fait pour être lu!... On met cela sur une table dans son salon pour ceux qui viennent. (Dumoulin prend la brochure et la met sur la table.) On ne coupe jamais que la première page, pour avoir l'air de s'y intéresser...

DUMOULIN, et ZOÉ

Tiens!...

DE FRANCONVILLE.

Maintenant asseyons-nous... nous avons à causer...

DUMOULIN, s'asseyant près de la table.

Je suis confus...

ZOÉ, s'asseyant sur la causeuse.

Je suis honteuse...

DE FRANCONVILLE, s'asseyant au milieu.

Non, non... c'est ma faute. — Je viens de chez Barbedienne... vous aurez ce matin la pendule et les deux vases... J'ai vu les modèles... c'est délicieux!...

DUMOULIN, sortant précipitamment par la gauche, à part.

Je vais passer un habit...

DE FRANCONVILLE, à Zoé.

C'est d'un Pompadour... d'un rococo... de forme... (se retournant). Ah! dame... C'est un peu cher... (Surpris de ne plus voir M. Dumoulin). Tiens!...

ZOÉ.

Ne faites pas attention...

DE FRANCONVILLE, à Zoé.

De là je suis passé au magasin du Louvre pour les tentures de votre petit salon... on doit vous apporter des échantillons.

DUMOULIN, qui vient de rentrer et de se rasseoir en habit.

Ah! l'on doit apporter...

DE FRANCONVILLE, se retournant.

Oh! pardon... oui, mais ce n'est pas tout...

ZOÉ, à part, se levant et sortant par la droite.

Moi... Je vais passer une robe.

DE FRANCONVILLE.

Ah!... Je vais vous faire un cadeau...

DUMOULIN.

A moi?

DE FRANCONVILLE.

Oui... une voiture en osier... C'est très-bien porté... C'est léger!... On culbute souvent... mais c'est très-bien porté... (se retournant.) Vous comprenez, madame... (ne la voyant plus). Tiens...

DUMOULIN.

Ne faites pas attention...

DE FRANCONVILLE, à Dumoulin.

Vous comprenez, mon cher monsieur Dumoulin... l'avantage d'une voiture en osier...

DUMOULIN.

Certainement... Certainement... on n'a plus l'air d'un voyageur... on a l'air d'une salade...

DE FRANCONVILLE.

Et les femmes qui trottent dans ces véhicules... nous autres, gens de sport et gens d'esprit,... nous les appelons les dames-Jeannes!...

DUMOULIN, à part.

Ah! sapristi! j'ai gardé mon gilet de futaine!...

DE FRANCONVILLE.

De plus, je suis allé retirer votre abonnement aux Italiens.

ZOÉ, qui vient de rentrer en toilette et qui a repris sa place.

Ah! vous avez retiré?...

DE FRANCONVILLE.

Oui, madame... vous êtes-vous amusée hier soir... à la Patti?.

DUMOULIN, à part,

Vite, allons changer de gilet! (Il sort par la gauche).

ZOÉ.

Oui, c'est bien beau!. Mais c'est dommage qu'ils chantent en Italien..

DE FRANCONVILLE.

Oh! ils chanteraient en français que ce ne serait pas plus amusant... on ne va pas aux Italiens pour entendre, on y va pour s'y montrer... C'est de la pose... C'est bon genre... C'est genreux.. c'est comme aux courses... à propos... (Ne trouvant plus Dumoulin). Tiens...

ZOÉ.

Ne faites pas attention...

DE FRANCONVILLE, à Zoé.

Nous aurons une tribune aux prochaines courses de la Marche.

ZOÉ.

Est-ce que les dames vont là?

DE FRANCONVILLE.

Comment, si elles y vont... mais les courses du XIXe siècle ressemblent beaucoup aux tournois du moyen âge... seulement, alors, on s'intéressait aux hommes... et maintenant on s'intéresse aux bêtes... Il y a même aujourd'hui beaucoup de femmes qui font courir!

DUMOULIN, qui vient de rentrer avec un gilet de soie et qui s'est faufilé jusqu'à son fauteuil, se rasseyant.

Des femmes qui font courir... que dites-vous donc?..

DE FRANCONVILLE, se retournant.

Tiens! (A part, les examinant tous les deux.) Ce ne sont plus les mêmes!.. (Haut à Dumoulin en se levant.) Nous parlions des courses... (M. et madame Dumoulin se lèvent aussi.) Mais c'est assez causer toilette, modes et spectacles... arrivons à la grande affaire... Avez-vous parlé à mademoiselle Agathe?..

ZOÉ, à part.

Que dit-il?..

DUMOULIN, embarrassé.

Oui.. oui... certainement...

DE FRANCONVILLE.

Eh bien?..

DUMOULIN.

Doutez-vous de ma parole?..

DE FRANCONVILLE.

Non, certes... mais...

DUMOULIN.

A quel chiffre avais-je porté la dot?

DE FRANCONVILLE.

Cent mille francs.

DUMOULIN.

Ce n'est pas assez, je vous autorise à retourner chez le notaire et à faire porter le chiffre à cent-cinquante-mille.

DE FRANCONVILLE.

A la bonne heure...

DUMOULIN.

Et dans six semaines, vous serez mon gendre...

ZOÉ.

Son gendre!

DUMOULIN.

C'est une surprise que je vous ménageais, madame Dumoulin.

DE FRANCONVILLE.

Bravo donc!.. Je vous laisse et je cours chez le notaire... C'est à côté... Ah!... je me suis occupé de la corbeille... elle est commandée. — Ça coûte les yeux de la tête... mais c'est d'un goût... d'un goût... vous verrez... sans adieu!

ENSEMBLE.

Air :

Déjà de {ma / sa} bien aimée.
La famille est transformée.
Il faut que la renommée
Parle enfin
Des Dumoulin.

(De Franconville sort par le fond. — Après l'avoir reconduit, Dumoulin vient se jeter sur la causeuse en se frottant les mains.)

SCÈNE V

ZOÉ, DUMOULIN.

ZOÉ, s'approchant de DUMOULIN.

Ah! ça, voyons, Dumoulin, causons sérieusement... quand tu m'as fait part du danger qui menaçait la bourgeoisie, — j'ai frémi comme toi, et je me suis prêtée à tout ce que tu as voulu. — Nous avons fait des dépenses folles, — nous avons changé nos habitudes, nous sommes allés dormir aux Italiens... Je veux bien encore aller aux courses... ça m'ennuie... ça m'est égal! (S'asseyant à côté de lui.) Mais faire le malheur de notre fille, de ceux qui nous entourent?

DUMOULIN.

Comment cela?

ZOÉ.

Et... Dardouillet?... qui s'est éloigné de nous... car depuis six jours il n'est pas revenu... ce cher Dardouillet... un ami de trente ans!...

DUMOULIN.

Fallait-il que pour Dardouillet je laissasse planer le ridicule sur les nôtres?... Veux-tu qu'on nous cloue au pilori dans les Mémoires d'une femme de chambre?..

ZOÉ, se levant.

Il fallait la renvoyer tout de suite.

DUMOULIN.

Pour l'irriter, n'est-ce pas?

ZOÉ.

Ne trouves-tu pas que sauver la caste à ce prix-là c'est bien cher?

DUMOULIN, noblement, se levant et passant à gauche.

Je ne sauve pas la caste pour mon agrément! ça me coûte cher, ça m'ennuie, ça me dérange!..

ZOÉ.

Mais André... qui a ta parole?

DUMOULIN.

André est retourné à ses forges où je saurai le retenir.

ZOÉ.

Mais Agathe... consentira-t-elle jamais?

DUMOULIN.

Quand je m'immole, tous les miens doivent s'immoler.

ZOÉ.

Et ça ne te coûtera rien de voir pleurer ta fille?

DUMOULIN.

Quand Agamemnon a sacrifié Iphigénie, quand Brutus a tué ses fils, quand Cassius s'est tué lui-même, crois-tu que ça ne leur ait rien coûté?

Air : *De madame Favart.*

On le sait, l'histoire est remplie
De pères, de fils, de maris
Sacrifiant à la patrie
Leurs femmes, leurs pères, leurs fils!
Quand c'est ma caste qu'on désigne,
Fier d'imiter les Grecs et les Romains,

Moi, pour la sauver je trépigne
Sur tous les sentiments humains !
Oui, je prétends me montrer digne,
Digne des Grecs et des Romains.

ZOÉ.

Mais cet homme, ce soi-disant baron, qui sort d'ici et dont tu veux faire ton gendre, le connais-tu seulement?

DUMOULIN.

Pas du tout... mais sans lui, aurai-je pu transformer ma cabane en palais? les tableaux, les objets précieux, les étoffes... tout ce luxe enfin... en avions nous une idée?

ZOÉ.

Il te coûte assez cher...

DUMOULIN.

Oui... mais chaque billet de mille francs est une page de l'histoire de la bourgeoisie !... (Voyant Joseph qui entre par le fond.) Silence ! Joseph !...

SCÈNE VI

LES MÊMES, JOSEPH.

JOSEPH *.

Monsieur, on vient d'apporter deux vilains vases et un affreux coucou chinois, j'ai dit qu'on les mette n'importe où.

DUMOULIN.

Comment n'importe où? imbécile!... J'y vais. (Il remonte.)

ZOÉ **, remontant aussi.

Et moi, je vais achever ma toilette.

DUMOULIN.

Pas un mot.

ZOÉ.

Oh ! sois tranquille ! (Dumoulin sort par le fond et Zoé par la droite.)

JOSEPH, seul.

En voilà une de découverte! tout-à-l'heure dans le bureau de Monsieur, j'ai lu sur la couverture d'un livre : « Mémoires d'une femme de chambre. » Ça m'a intéressé; j'ai ouvert le livre et j'ai relu : — « Mémoires d'une femme de

* Dum. Jos. Zoé.
** Jos. Dum. Zoé.

« chambre, par Mlle Francine Martin. » Francine?... c'est elle qui fait des livres en faisant le ménage?.. Je ne m'étonne plus si on la mijotte, si on la dorlotte et si on me bouscule à cause d'elle!.. (S'asseyant sur la causeuse.) Aussi j'ai eu une idée, moi pas bête!....

DARDOUILLET, paraissant au fond dans l'antichambre.

Ah! ça, je me trompe!.. ça n'est pas Dieu possible!

JOSEPH, se levant.

Quelqu'un!

SCÈNE VII

DARDOUILLET, JOSEPH.

DARDOUILET, toujours au fond.

Cette antichambre, ce salon... allons, non, ce n'est pas ici.

JOSEPH.

Monsieur demande?...

DARDOUILLET, entrant dans le salon.

Joseph, c'est toi... et je suis bien ici chez Dumoulin?

JOSEPH.

Oui, monsieur...

DARDOUILLET.

Chez Dumoulin!,.. je crois rêver... puis-je le voir?

JOSEPH.

Si Monsieur veut me remettre sa carte?..

DARDOUILLET.

Ma carte? ah ça, voyons, ne me reconnais-tu pas?..

JOSEPH.

Moi, parfaitement, vous êtes un homme de province... monsieur... Dardouillet. (Avec familiarité.) Ça va bien, monsieur Dardouillet?.. (Noblement.) Votre carte, s'il vous plaît?

DARDOUILLET.

C'est inouï, ça n'a pas de nom.

JOSEPH.

Oui, c'est bête, mais c'est comme ça...

DARDOUILLET, tirant une carte de sa poche.

Tiens, voilà ma carte...

JOSEPH.

Attendez, monsieur... (Il tire un plat d'argent de son gilet rouge.) Veuillez la corner et la déposer sur ce plat.

DARDOUILLET, le faisant.

La déposer?...

JOSEPH.

Merci, monsieur. (Remontant et annonçant.) Le service de l'antichambre!.. (Il sort par la gauche.)

SCÈNE VIII

DARDOUILLET; puis AGATHE.

DARDOUILLET, seul.

Suis-je bien éveillé?.. (Regardant autour de lui.) Ces candélabres... ce lustre... ces rideaux de brocard... tout cela dans le salon de Dumoulin!.. et sur son tapis plus de rails!.. Dumoulin grand seigneur!..

AGATHE *, entrant par la droite, apercevant Dardouillet et courant à lui.

Vous ici, monsieur Dardouillet!.. Ah! quel bonheur!..

DARDOUILLET.

Qu'avez-vous, mon enfant?..

AGATHE.

Oh! j'ai bien du chagrin!

DARDOUILLET.

Vous?..

AGATHE.

Oui... mon bonheur est menacé... j'ai vu pleurer maman... je l'ai questionnée... elle n'a rien voulu me dire... mais, moi, je crois avoir deviné... et ce serait affreux!...

DARDOUILLET.

Mais quoi donc?

AGATHE.

Eh bien, sachez...

DUMOULIN, en dehors.

Lui!.. ce bon Dardouillet est ici!

AGATHE.

Papa!.. je me sauve!.. (Elle sort vivement par la droite.)

DARDOUILLET, seul, réfléchissant.

Diable! diable! diable!... tout cela est étrange!.. Je ne voulais pas revenir et j'ai bien envie... (Il fait quelques pas pour sortir; Dumoulin entre par la gauche: — à part.) Trop tard!..

* Dard. Aga.

SCÈNE IX

DUMOULIN, DARDOUILLET, JOSEPH.

DUMOULIN, très-empressé.

Dardouillet! ce cher ami!... ah! ça, qu'es-tu devenu?... si j'avais su ou tu logeais, je serais allé te voir.

DARDOUILLET

Ah! bah! une telle réception!... je ne m'y attendais pas...

DUMOULIN.

Pourquoi donc?

JOSEPH *, annonçant de la gauche.

M. Dumoulin.

DUMOULIN, se retournant.

Qu'est-ce donc?

JOSEPH.

Je vous annonce, monsieur.

DUMOULIN.

Imbécile!... puisque je suis passé.

JOSEPH.

Ça ne fait rien, monsieur... je vous annonce après, parce que vous êtes passé avant...

DUMOULIN,

Veux-tu t'en aller, imbécile!...

JOSEPH. à part.

Imbécile — oh! je vais nourrir mon projet... (Il sort par la gauche.)

DARDOUILLET *, à Dumoulin.

Ah! ça, me diras-tu ce que signifie tout ce que je vois?..

DUMOULIN.

Eh! mon ami, cela signifie que j'ai suivi tes conseils... ne me disais-tu pas que j'étais riche, très-riche, qu'il fallait me faire honneur de ma fortune?

DARDOUILLET.

Oui, sans doute, mais...

DUMOULIN.

Je ne cesse pas pour cela d'être bourgeois... seulement je suis de mon siècle, le bourgeois de 1864, le bourgeois de l'avenir...

* Jos. Dum. Dard.

DARDOUILLET.

Comment, toi, un libéral, un homme de 89?..

DUMOULIN.

Moi de 89! je suis de 1810! ne me vieillis pas.

DARDOUILLET.

Ah! bah! et toi qui te vantais d'avoir pris le poste du Pont-neuf!

DUMOULIN.

Allons donc!... d'ailleurs je n'étais pas à Paris ce jour-là. je mettais du vin en bouteilles...

DARDOUILLET.

Dans ta cave?

DUMOULIN.

Dans ma cave, (se reprenent) c'est-à-dire non...

DARDOUILLET.

Mais, Dieu me pardonne! tu ne mets plus de rails sur tes tapis.

DUMOULIN.

Ah! par exemple!... (trépignant sur le tapis). Marche, mon ami... foule à tes pieds les merveilles de l'Orient,... si tes bottes sont crottées, essuye-les sur le Smyrne et l'Aubusson, ne te gêne pas, abîme tout, salis tout... c'est l'affaire des domestiques et ça fait vivre les tapissiers. (En disant ces mots il a passé à droite.)

DARDOUILLET *.

Bravo! je te préfère ainsi, quoique....

DUMOULIN.

Quoique?..

DARDOUILLET.

Air : *Les cinq codes que je me flatte.*

Entre nous, mon cher, je t'invite
A réfléchir encor beaucoup ;
Je te disais d'aller plus vite,
Quand tu ne marchais pas du tout.
Vers son but l'homme, sans rien craindre,
D'un pas ferme doit avancer ;
Mais, mon cher ami, pour l'atteindre,
Il ne faut pas le dépasser.
Ce n'est pas chercher à l'atteindre
Que de vouloir le dépasser.

DUMOULIN.

Tu ne vois rien encore!

* Dard. Dum.

DARDOUILLET.

Comment, je ne vois rien?

DUMOULIN.

Je gage que tu n'as seulement pas vu ma serre.

DARDOUILLET.

Une serre au 3e étage?

DUMOULIN.

Viens donc que je te montre cela... un vrai bijou!

SCÈNE X

LES MÊMES, FRANCINE.

FRANCINE*, entrant par la droite.

Monsieur, madame vous demande pour des étoffes qu'on lui apporte..

DUMOULIN.

Comment, vous n'écrivez plus, mademoiselle?.. j'aime à croire qu'on ne vous a pas dérangée?

FRANCINE.

Non, monsieur... je descends à l'instant et j'entrais chez madame, quand les commis sont arrivés.

DUMOULIN.

J'y vais, mademoiselle. Si vous êtes libre, voudriez-vous avoir l'obligeance de conduire Dardouillet à la serre?

FRANCINE.

Volontiers, Monsieur.

DUMOULIN, à Dardouillet.

Je te rejoins à l'instant. (Il sort par la droite.)

DARDOUILLET**, à part, passant à droite.

Il parle à une femme de chambre comme à une princesse...

FRANCINE, à Dardouillet.

Si vous voulez me suivre, monsieur?

DARDOUILLET.

Avec plaisir. (Anatole entre par le fond tout bouleversé.)

* Dard. Fran. Dum.
** Fran. Dard.

SCÈNE XI

FRANCINE, ANATOLE, DARDOUILLET.

DARDOUILLET.

Anatole!...

ANATOLE.

Ah! mes amis, vous voyez un homme qui se noie!.. M. Dardouillet, je m'accroche à vous comme à un radeau!.. Francine, je m'accroche à toi comme à une cage à poulets!.. vous n'auriez pas 6000 francs à me prêter ?

DARDOUILLET ET FRANCINE.

6000 francs!

ANATOLE.

Oui, là! je dois 6000 francs... des lettres de change... des papiers timbrés... des huissiers...

FRANCINE.

Ah! je comprends!... ce que vous me disiez ce matin...

DARDOUILLET.

Diable!...

ANATOLE.

En vous cotisant ? Francine doit avoir des économies...

FRANCINE.

6,000 francs d'économies...

DARDOUILLET.

Je n'ai que bien juste pour mon voyage... et, si nous avions du temps...

ANATOLE.

Ah! bien, oui, du temps!... Si à quatre heures la somme n'est pas chez l'huissier... il se présente ici... s'adresse à papa... à maman!...

DARDOUILLET.

Que faire!

ANATOLE.

Ah! ma foi, tant pis! je vais avouer à mon père... Ah! sapristi!... je me vante d'en savoir jouer de papa, mais je crois que la partie sera dure...

FRANCINE.

Peut-être! je reste ici, ne quittez pas ce salon, il va revenir, parlez devant nous...

DARDOUILLET.

Oui, nous plaiderons votre cause... D'ailleurs, il est lancé dans les dépenses... une de plus ou de moins.

FRANCINE, prêtant l'oreille.

Silence, je crois que je l'entends...

ANATOLE.

Ah! diable!...

DARDOUILLET.

Du courage!...

ANATOLE.

Heureusement que j'en sais jouer!...

(Francine est allée s'asseoir près de la cheminée, elle tire une broderie de sa poche et travaille pendant une partie de la scène suivante.)

SCÈNE XII

LES MÊMES, DUMOULIN.

DUMOULIN, entrant par la droite et voyant Dardouillet.

Tiens tu es encore... (apercevant son fils.) Anatole!...

ANATOLE, jouant l'émotion.

Ah! mon père!...

DUMOULIN.

Eh bien, qu'y a-t-il encore?

ANATOLE, de même.

Ah! mon père, je suis un malheureux!...

DARDOUILLET.

Allons donc, un étourdi tout au plus...

DUMOULIN.

Mais qu'est-ce donc?

ANATOLE.

Moi, le fils d'un homme intègre, d'un homme fils de ses œuvres, moi...

DUMOULIN.

Morbleu! parlerez-vous!...

DARDOUILLET.

Eh bien, non, je parlerai pour lui... il a répondu pour un de ses amis d'une somme un peu forte à la vérité, mais...

DUMOULIN.

Il a répondu, il a osé...

FRANCINE, jetant un petit cri.

Aïe, je me suis piquée...

DUMOULIN, à part en voyant Francine.

Oh!... j'oubliais...

* Fran. Anat. Dum. Dard.

DARDOUILLET.

Il a eu tort, je l'ai grondé devant mademoiselle, mais enfin....

DUMOULIN, changeant de ton et passant près de Francine.

Mais enfin cette somme qu'elle est-elle ?

DARDOUILLET *.

Cette somme...

ANATOLE.

Ah! ne le dites pas, ne le dites pas!

FRANCINE.

Presque rien, monsieur, six malheureux mille francs.

DUMOULIN.

6000 francs!... (A part.) Ah! le brigand! (Haut, regardant Francine.) Comment, comment, ce n'était que 6 misérables mille francs... c'est une bagatelle! on paiera, enfant! (Il tape sur la joue d'Anatole).

ANATOLE, à part.

Ah bah!...

DUMOULIN, à part.

Petit gredin !...

DARDOUILLET.

Dumoulin, ce que tu fais là est beau, c'est grand!...

ANATOLE.

Papa, c'est la crème des hommes! c'est le fils de ses œuvres! Il est venu en sabots à Paris, papa, et...

DUMOULIN, bondissant.

Hein? Qu'osez vous dire, monsieur!

ANATOLE.

Je dis papa, que vous êtes venu...

DUMOULIN.

Ça n'est pas vrai, je suis venu à Paris en chemin de fer... et en première classe... Me prenez-vous pour un parvenu, monsieur! que signifie? en sabots?... moi, en sabots?... demandez-moi cent mille, deux cent mille, trois cent mille francs, ruinez-moi, mais ne me déshonorez pas!...

ANATOLE, interdit.

Pardon, certainement, je ne voulais pas dire... (A part.) Ah! mais, je n'en sais plus jouer! c'est un autre papa, on me l'a changé... (Il remonte. et redescend à gauche. Entrent par la droite Agathe et Zoé.)

* Fran. Dum. Anat. Dard.

SCÈNE XIII

Les Mêmes, AGATHE, ZOÉ.

AGATHE *, accourant.

C'est lui ! le voilà, papa !... il revient !...

DUMOULIN.

C'est lui ! le voilà !... Qui ?...

AGATHE.

Monsieur André !... je viens de l'apercevoir de ma fenêtre !

DUMOULIN, à part.

André !... Patatras !...

ZOÉ *, allant à son mari, bas.

Il revient !... Que faire ?...

DUMOULIN, bas.

Pas de faiblesse, madame Dumoulin, pas de faiblesse !...

SCÈNE XIV

Les Mêmes, ANDRÉ.

ANDRÉ **, entrant par le fond.

Toute la famille réunie, et ce bon monsieur Dardouillet... j'arrive heureusement...

DUMOULIN.

Mais il me semble, monsieur André, qu'un si prompt retour...

ANDRÉ, tirant une lettre de sa poche.

Ah ! parbleu, mon cher beau-père, ce retour est causé par cette lettre que j'ai reçue hier, et qui vous étonnera, j'en suis sûr.

DUMOULIN.

Une lettre ?... de qui ?...

ANDRÉ.

D'un de mes fournisseurs... à qui j'avais commandé la corbeille de noces... de mademoiselle... (Montrant Agathe) et qui m'écrit... qu'une corbeille de noces... également destinée à

* Fran. Arat. Dum. Zoé, Agat, Dard.
** Fran. Anat. Dum. Zoé. Agat. Dard.

mademoiselle Agathe Dumoulin... vient de lui être demandée par le baron de Franconville.

DARDOUILLET.

Deux corbeilles !...

ANATOLE.

Ce monsieur de Franconville est un drôle, tout baron qu'il est !... et je vais... (Il remonte.)

DUMOULIN.

Silence ! (La porte du fond s'ouvre, de Franconville paraît.)

SCÈNE XV

LES MÊMES, DE FRANCONVILLE.

DE FRANCONVILLE.

Ah ! mon Dieu ! que de monde !... (Anatole descend près d'Agathe.)

DUMOULIN *.

Hein ?...

ZOÉ, à part.

Ciel !...

AGATHE, à André.

Voilà monsieur le baron de Franconville.

ANDRÉ, ANATOLE et DARDOUILLET.

Lui ?...

DE FRANCONVILLE.

On m'attendait ?

ANATOLE.

Pour une explication... oui, monsieur.

DE FRANCONVILLE.

Une explication ?... je suis à vous, monsieur... (A Dumoulin.) mais auparavant permettez-moi de remettre à monsieur Dumoulin ce contrat de mariage... (Il le lui donne.)

TOUS.

De mariage ?...

DE FRANCONVILLE, à Dumoulin.

Je sors de chez votre notaire, beau-père.

TOUS.

Beau-père !..

* Fran. And. Dum. Fran. Zoé. Aga. Anat. Dard.

DE FRANCONVILLE.

Et je vous apporte...

ANDRÉ.

Monsieur Dumoulin, m'expliquerez-vous?...

DUMOULIN, à part.

Voici le moment... Allons, du courage! (Haut et très-noblement.) André, vous étiez le gendre de mes affections... je vous aimais... je vous chérissais... vous m'alliez, quoi!... mais, s'il est un vice dans notre société, c'est le mariage des capitaux avec les capitaux, l'alliance de la sacoche avec la sacoche. Ah! si je vous sacrifiais à quelqu'un de plus beau, de plus jeune, de plus riche que vous, oui, je serais un grand coupable!... (Montrant de Franconville.) Mais regardez monsieur!...

DE FRANCONVILLE.

Moi?

DUMOULIN.

Sa fraîcheur a suivi sa jeunesse... Il est fané.

DE FRANCONVILLE.

Mais...

DUMOULIN.

Il a plus de dettes que de cheveux.

DE FRANCONVILLE.

Ah! mais non!

DUMOULIN.

Ah! mais si... ne m'interrompez pas... je plaide votre cause. (A André.) Donc, plus il est dénudé, plus il a le droit et le besoin de contracter une alliance qui balance son peu de ressources et d'agréments personnels..

DE FRANCONVILLE.

Mais permettez...

DUMOULIN.

Ne m'interrompez pas! — (A André.) En vous donnant ma fille, André, je m'associais au travers de mon époque... En la donnant à monsieur, je suis ce niveleur social qui cherche à doubler le nombre des heureux, en éparpillant les richesses!... (A de Franconville.) Voilà pourquoi, monsieur le baron de Franconville, j'ai l'honneur de vous accorder la main de ma fille.

TOUS.

Ah!...

ENSEMBLE.

Air : *O troupe fantastique.*

Ah ! c'est une infamie !
Cela n'a pas de nom !
D'où vient sa perfidie ?
Perdrait-il la raison ?

DUMOULIN, à de Franconville.

Vite, courez chez le notaire,
J'ajoute encor cent mille francs !

DE FRANCONVILLE.

Vous vous enrichissez, beau-père,
Car aujourd'hui vous avez trois enfants !

ENSEMBLE.

Ah ! c'est une infamie ! etc.

(De Franconville sort par le fond.)

SCÈNE XVI

FRANCINE, DUMOULIN, ZOÉ, DARDOUILLET, ANDRÉ, AGATHE, ANATOLE.

AGATHE.

Et j'épouserais un pareil homme ?... Oh ! non, par exemple !...

DUMOULIN.

Mademoiselle !...

ZOÉ, suppliant son mari.

Dumoulin, réfléchis.

DUMOULIN.

Taisez-vous, madame... (Francine remonte et observe du fond.)

DARDOUILLET, à Dumoulin.

C'est une plaisanterie, n'est-ce pas ?

DUMOULIN.

Mêle-toi de tes affaires !

ANATOLE, à Agathe qui pleure.

Ne te désole pas, ma sœur, je le tuerai moi, ce monsieur de Franconville !

DARDOUILLET, enfonçant son chapeau sur sa tête.

Oui, jeune homme, tuez-le, vous ferez bien !... et vous, monsieur André, suivez-moi et quittons cette maison pour n'y jamais rentrer...

FRANCINE, * au fond et riant aux éclats.

Ah! ah! ah! ah! ah!

TOUS, se retournant.

Hein!

ZOÉ.

Que signifie?...

FRANCINE, descendant.

Pardon, pardon; mais je crois être un peu pour quelque chose dans tout ce qui se passe ici et je demande à dénouer la situation.

DUMOULIN.

Vous, mademoiselle?

FRANCINE, montrant un manuscrit.

Voilà le premier chapitre d'un nouveau livre que j'allais envoyer à l'éditeur. — Vous plairait-il en écouter la lecture?

DUMOULIN.

S'il nous plairait?... oh... oui, certainement, trop honoré de...

DARDOUILLET.

Comment, un livre de la femme de chambre?...

FRANCINE.

Mes Mémoires, monsieur...

ANATOLE.

Ses Mémoires!...

DUMOULIN.

Que tout le monde se place et le plus grand silence... (Tout le monde a pris un siége et fait cercle devant Francine.)

FRANCINE **.

Vous écoutez?

DUMOULIN.

Nous écoutons....

FRANCINE, lisant.

« Mémoires d'une femme de chambre, chapitre 1er. De « mon entrée chez M. D***, bourgeois. »

DUMOULIN.

M. D*** c'est moi....

FRANCINE, lisant.

« Les bourgeois ont toujours les mêmes... avares, parci- « monieux de nature, ils deviennent prodigues et même dis- « sipateurs par calcul. N'accordant rien aux charmes d'un

* Dum. Zoé. Fran. Dard. And. Aga. Ana.
** Dum. Zoé. Dard. Fran. And. Aga. Anat.

« bonheur ignoré, ils sacrifieront tout à ce qui flattera leurs
« prétentions et leur sottise... »

DUMOULIN.

Ah! ça, mais...

DARDOUILLET.

Mais tais-toi donc... c'est très-bien.

FRANCINE, continuant.

« Jusqu'au jour où j'entrai chez M. D.... »

DARDOUILLET, à Dumoulin.

M. D.... c'est toi!

FRANCINE, continuant.

« Il avait été bon mari, bon père, excellent ami... Il vivait
« modestement et sagement... mais tout à coup, M. D....
« ayant appris que j'écrivais mes Mémoires, s'imagina de po-
« ser devant moi, comme un épicier devant un photographe,
« et, croyant anoblir son portrait, il prit la position la plus
« sotte, la plus ridicule... la plus... »

DUMOULIN, se levant et allant à Francine.

Assez.... assez.... (Tout le monde se lève.)

DARDOUILLET *.

Mais non, c'est fort intéressant et très-bien écrit, continuez, mademoiselle... (Il passe à gauche.)

DUMOULIN.

Taisez-vous, je vous l'ordonne... par Dieu! le reste se devine... on m'a trahi! (A Zoé.) Vous, madame...

ZOÉ **.

Moi? je vous jure...

DUMOULIN, à Francine.

Mademoiselle, ces Mémoires ne paraîtront pas...

FRANCINE.

Ils paraîtront, monsieur.

DUMOULIN.

Votre éditeur est mon ami, et...

FRANCINE.

Je m'adresserai à d'autres.

DUMOULIN.

Je vous les achète.

FRANCINE.

Et moi, je vous les donne.

* Zoé. Dard. Dum. Fran. And. Aga. Anat.
** Dard. Zoé. Dum. Fran. And. Aga. Anat.

DUMOULIN.

Plaît-il ?

FRANCINE.

Mais à certaines conditions.

DUMOULIN.

Parlez.

FRANCINE, montrant André.

Air : *de Julie.*

Vous reprendrez monsieur pour gendre.

DUMOULIN.

Oh ! de grand cœur !

FRANCINE.

Et les six mille francs,
Que votre fils encore semble attendre,
Vous les donnerez.

DUMOULIN.

J'y consens.

FRANCINE.

A votre ami ma chambre trop jolie
Sera rendue.

DUMOULIN.

Et vous ?

FRANCINE.

Moi ?... mais je dois
Aller chez un autre bourgeois
Étudier la bourgeoisie.
J'irai chez un autre bourgeois
Étudier la bourgeoisie.

DUMOULIN.

Accordé, mademoiselle, accordé ! (Francine lui donne son manuscrit.)

AGATHE.

Ah ! mademoiselle Francine, que ne vous dois-je pas ?..

ANDRÉ.

Et moi !...

ANATOLE.

Et moi !...

DARDOUILLET.

Et moi !...

DUMOULIN.

Et moi donc !... étais-je assez idiot avec ma caste !... mais je m'en fiche de ma caste !... A-t-on jamais vu un bourgeois aussi bête que moi !...

ZOÉ.

Et le baron que nous oublions !

DUMOULIN.

Le baron !... sois tranquille !... (appelant) Joseph !

SCÈNE XVII

LES MÊMES, JOSEPH.

JOSEPH *, entrant par le fond.

Monsieur ?

DUMOULIN.

Quand monsieur de Franconville se représentera, vous lui direz que nous sommes à la campagne pour vingt-sept ans.

TOUS.

Bravo !

JOSEPH.

Bien, monsieur. — Mais j'aurais à mon tour quelque chose à vous dire.

DUMOULIN.

Eh bien, parle.

JOSEPH.

Comme ça... devant tout le monde?

DUMOULIN.

Voyons, qu'est-ce ?...

JOSEPH, à part.

Au fait, je ne suis pas fâché qu'on sache... (Haut à Dumoulin) monsieur, j'écris mes Mémoires. (Il tire un manuscrit de sa poche.)

TOUS.

Hein ?

DARDOUILLET.

Lui aussi !..

JOSEPH.

Les v'là. (Ouvrant le manuscrit et lisant.) « Mémoires d'un do-
« mestique. — Je suis né z'à Melun...

* Dard. Zoé. Dum. Jos. Fran. And. Agat. Anat.

DUMOULIN.

Je te chasse !...

JOSEPH.

Plaît-il?

DUMOULIN.

Fais-tes paquets et va-t'en !

JOSEPH.

Ah ! mais non, c'est pas ça...

DUMOULIN.

Je te chasse, te dis-je !..

JOSEPH.

Ah ! c'est comme ça... Eh ! bien, vous les lirez ! je les ferai paraître... je les ferai paraître dans la Revue des Deux-Mondes...

DUMOULIN.

Qu'est-ce que ça me fait? on ne l'ouvre jamais !...

CHŒUR FINAL.

Air : *D'un hercule et une jolie femme.*

Aujourd'hui, Dieu merci,
Tout va reprendre ici
Un aspect tranquille ;
Ce domicile,
Comme autrefois,
Va, je crois,
Redevenir bourgeois.

FIN.

COULOMMIERS. — TYP. A. MOUSSIN ET CHARLES UNSINGER.

www.ingramcontent.com/pod-product-compliance
Ingram Content Group UK Ltd.
Pitfield, Milton Keynes, MK11 3LW, UK
UKHW020416180726
13839UKWH00003B/1330